33 RICETTE CONTRO IL CANCRO ALLA PROSTATA CHE TI AIUTERANNO A COMBATTERE IL CANCRO, AD AUMENTARE LA TUA ENERGIA, E SENTIRTI MEGLIO:

LA SOLUZIONE PIÙ SEMPLICE AI PROBLEMI CHE TI DÀ IL CANCRO

DI

JOE CORREA CSN

DIRITTO D'AUTORE

© 2016 Stronger Faster Inc.

Tutti i diritti riservati

La riproduzione o la traduzione di qualsiasi parte di questo lavoro al di là di quanto consentito dalla sezione 107 o 108 degli Stati Uniti Copyright 1976 senza il permesso del proprietario del copyright è illegale.

Questa pubblicazione è stata progettata per fornire informazioni accurate e autorevoli per quanto riguarda la materia disciplinata. Viene venduto con la consapevolezza che né l'autore né l'editore si impegnano a fornire consulenza medica. Se è necessario, consultare uno specialista. Questo libro è considerato una guida e non deve essere usato in alcun modo potenzialmente dannoso per la salute. Consultare un medico prima di iniziare questo piano nutrizionale per assicurarsi che sia adatto al caso.

RINGRAZIAMENTI

Questo libro è dedicato ai miei amici e parenti che hanno avuto malattie lievi o gravi e che mi hanno permesso di trovare una soluzione e apportare le modifiche necessarie alle loro vite.

33 RICETTE CONTRO IL CANCRO ALLA PROSTATA CHE TI AIUTERANNO A COMBATTERE IL CANCRO, AD AUMENTARE LA TUA ENERGIA, E SENTIRTI MEGLIO:

LA SOLUZIONE PIÙ SEMPLICE AI PROBLEMI CHE TI DÀ IL CANCRO

DI

JOE CORREA CSN

CONTENUTO

Diritto d'autore

Ringraziamenti

Cenni sull'autore

Introduzione

33 Ricette contro il cancro alla prostata che ti aiuteranno a combattere il cancro, ad aumentare la tua energia, e sentirti meglio: la soluzione più semplice ai problemi che ti dà il cancro

Altri titoli di questo autore

CENNI SULL'AUTORE

Dopo anni di ricerca, credo onestamente negli effetti positivi che una corretta alimentazione può avere su tutto il corpo e sulla mente. La mia conoscenza ed esperienza mi hanno aiutato a vivere in modo più sano nel corso degli anni e ho condiviso questo metodo con la famiglia e gli amici. Quanto più si sa di mangiare e bere sano, tanto prima si vorranno cambiare gli stili di vita e le abitudini alimentari.

La nutrizione è una parte fondamentale nel processo di mantenersi in buona salute e vivere più a lungo, quindi meglio iniziare da subito. Il primo passo è il più importante e il più significativo.

INTRODUZIONE

Il cancro, in generale, è una malattia ben nota che attacca molti organi e altre parti del corpo, in qualche modo aumenta la crescita anormale delle cellule che causano la diffusione del carcinoma in un processo chiamato metastasi; anche se ci sono molti trattamenti per il cancro, essi sono estremamente invasivi, e possono molte volte uccidere nei loro processi aggressivi, anche le cellule buone. Il cancro alla prostata è una delle maggiori preoccupazioni per gli uomini al giorno d'oggi.

Prevenire il cancro significa anche sviluppare uno stile di vita che comporta una dieta sana ed esercizio fisico. Dobbiamo essere consapevoli che l'assunzione di cibo salubre è il primo passo per una vita più sana. Per fare questo bisogna conoscere le qualità e le proprietà dei cibi che mangiamo, così come il modo migliore per cuocerli ottenendo i massimi effetti positivi. Lo scopo di questo libro è quello di fornire nuovi e migliori modi per nutrire il nostro corpo con prodotti alimentari non trasformati, e nel mentre, modificare le vecchie abitudini alimentari dando spazio a quelle più promettenti.

Mangiare sano può essere delizioso se si conoscono gli alimenti e si combinano tra loro nel modo giusto. Mangiare 'intelligentemente' cambierà drasticamente il modo in cui il corpo è in grado di utilizzare le vitamine e i minerali che lo alimentano per stimolare il sistema immunitario e per impedire il sopraggiungere di qualsiasi tipo di malattia. Aggiungi queste ricette al tuo tran tran quotidiano per prevenire e combattere il cancro alla prostata.

33 RICETTE CONTRO IL CANCRO ALLA PROSTATA CHE TI AIUTERANNO A COMBATTERE IL CANCRO, AD AUMENTARE LA TUA ENERGIA, E SENTIRTI MEGLIO:

LA SOLUZIONE PIÙ SEMPLICE AI PROBLEMI CHE TI DÀ IL CANCRO

1.   PANE AI SEMI DI LINO E MIRTILLI

Questa deliziosa ricetta del pane è più di un trattamento per la buona salute, è perfetto per una dieta preventiva del cancro grazie ad importanti composti trovati nei semi di lino, tra le altre cose. I semi di lino hanno una quantità enorme di lignani che bloccano e sopprimono le cellule cancerogene, e sono anche ricchi di acidi grassi omega-3 (così come le noci) che proteggono l'organismo in due punti: il cuore e la prostata.

Ingredienti:

- ¼ di tazza di succo di limone
- ¼ di tazza di olio di canola
- ½ tazza di miele
- 2 cucchiaino di vaniglia
- 1 tazza di latte di mandorla
- ½ tazza di semi di lino a terra
- 2 tazze di grano intero

- 2 cucchiaini di lievito in polvere
- 1 cucchiaino di bicarbonato di sodio
- ¾ di tazza mirtilli secchi o congelati
- ½ tazze noci, tritate

Istruzioni:

- ✓ Preriscaldare il forno a 350°C e versare l'olio uno stampo da plumcake;
- ✓ In una ciotola di medie dimensioni sbattere insieme succo di limone, olio, miele, vaniglia e il latte di mandorle;
- ✓ Aggiungere il semi di lino macinati e gli ingredienti secchi, mescolare fino ad amalgamare il tutto;
- ✓ Spezzettare mirtilli e noci sul fondo e versare la pastella nella vaschetta pronta;
- ✓ Cuocere in forno per 40 minuti, fino a doratura;
- ✓ Lasciate raffreddare prima di tagliarlo.

2. SGOMBRO ALLO ZENZERO & INSALATA DI CETRIOLI

Questo piatto incredibile mette in evidenza il gusto squisito e il sapore di questa combinazione di zenzero e cetriolo. La radice zenzero è un potente antinfiammatorio e antiossidante che agisce riducendo la capacità di crescita dei tumori. D'altra parte, il cetriolo ha lignani che, secondo recenti studi, riducono il rischio di cancro uterino e della prostata.

Ingredienti:

- 2 filetti di sgombro
- 1 cipolla tritata
- 1 peperone rosso, tritato
- Il succo di 1 limone
- Zenzero fresco grattugiato
- 1 spicchio d'aglio, tritato
- 3 cucchiai di miele, tenere ½ separato
- 1 cetriolo
- 2 cucchiai wakame secco (alghe)
- 4 cucchiai di aceto di riso
- 1 cucchiaino di olio di sesamo
- 1 cucchiaio di semi di sesamo
- Sale e pepe a piacere

Istruzioni:

- Strofinare il pesce con sale e pepe;
- Preparare la marinata mescolando il succo di limone, lo zenzero e 1 cucchiaio di miele, versare sul pesce e mettere in frigo per circa 30 minuti;
- Tagliate il cetriolo a fette sottili e cospargere di sale, far riposare per 10 minuti;
- Reidratare il wakame immergendolo in acqua come da istruzioni sulla confezione;
- Preparare il condimento mescolando aceto di riso, olio di sesamo e il miele rimanente;
- Nel frattempo, scaldare la griglia e inserire il pesce dal lato della pelle su una teglia da forno, grigliare 5 minuti per lato
- Lavare e sciacquare il cetriolo per eliminare il sale;
- Tagliare il cetriolo e il wakame insieme e cospargere di semi di sesamo;
- Servire lo sgombro con l'insalata di cetrioli e un cucchiaio il condimento su ogni porzione.

3. PEPERONI RIPIENI

Con questo piatto godrai i vantaggi dei peperoni biologici, curcuma, aglio, cipolle e pomodori, tutta la sporcizia se ne andrà con le vitamine e i composti che stimolano il sistema e l'espulsione delle tossine. Ad esempio, la curcuma stimola l'apoptosi nel cancro e riduce la crescita del tumore, e i pomodori sono un'importante fonte di licopene, che aiuta anche prevenire la crescita cellulare del cancro alla prostata.

Ingredienti:

- 2 o 3 peperoni colorati
- 1 tazza di riso integrale
- 1 cucchiaino di cumino
- ½ cucchiaino di curcuma
- 3 tazze di acqua
- Mezza melanzana, tritata
- 1 zucchina, tritata
- 1 cipolla rossa, a dadini
- 1 spicchio d'aglio, schiacciato
- 1 tazza di salsa di pomodoro naturale
- 3 cucchiai di olio d'oliva
- Sale e pepe a piacere

Istruzioni:

- Preriscaldare il forno a 380°C;
- Preparare i peperoni: tagliarli di lato e privarli dei semi, cospargere dentro-fuori con sale e pepe;
- In una casseruola acqua bollita, riso, cumino, curcuma e un pizzico di sale, per circa 12 o 15 minuti;
- Lavare, sbucciare e tagliare le melanzane, le zucchine e le cipolle a dadini;
- In un pentolino unto d'olio mescolare e friggere le verdure fino a quando saranno ammorbidite;
- Quando il riso è pronto, aggiungerlo in cucchiaiate alle verdure, mescolando il tutto;
- Aggiungere la salsa di pomodoro e rimestare bene;
- Inserire un cucchiaio di composto nei pezzi di peperone, coprirli con un foglio e cuocere in forno per 20 minuti;
- Togliere la pellicola e cuocere per 3 o 5 minuti ancora.

4. INSALATA DI LAMPONE

Questa insalata fresca si propone per mantenere una salute migliore, utilizzando i benefici dei lamponi che contengono acido ellagico, polifenoli e altri composti che favoriscono l'eliminazione delle sostanze cancerogene e inibiscono l'angiogenesi.

Ingredienti:

- 4 tazze di lattuga romana, affettate
- 2 tazze di crescione
- 2 tazze di radicchio
- 2 tazze di lamponi
- ¼ tazza di mandorle, tritate
- 6 cucchiai di succo naturale di melograno
- 3 cucchiai di olio d'oliva
- 3 cucchiai di aceto di mele
- 2 cucchiai di miele
- Sale e pepe a piacere

Istruzioni:

- ✓ Preparare la vinaigrette mescolando succo di melograno, olio di oliva, aceto di mele, miele, sale e pepe, far riposare;

- ✓ Lavare e sciacquare lattuga, crescione e radicchio, tagliare grossolanamente;
- ✓ In una grande ciotola mettere il composto verde e versare la vinaigrette dall'alto e mescolare per bene;
- ✓ Cospargere con le mandorle e servire.

5. FRULLATO DI FRUTTA A COLAZIONE

La colazione è il cibo più importante della giornata, questo pasto fornirà l'energia necessaria per affrontare la giornata con vigore, e allo stesso tempo ripulire il corpo e rivitalizzare la tua salute. Le proprietà incredibili in questi ingredienti hanno dimostrato di rallentare e prevenire lo sviluppo del cancro nelle cellule del colon, del fegato, della mammella e della prostata.

Ingredienti:

- 1 banana matura, schiacciata
- 1 tazza di grano intero
- ¾ tazza di latte di mandorla
- 1 uovo, leggermente sbattuto
- 1 cucchiaino di lievito in polvere
- 1 cucchiaino di bicarbonato di sodio
- 1 cucchiaino di sale
- 2 cucchiaino di vaniglia
- ¼ di tazza di noci, tritate
- Marmellata a piacere, frutta fresca o sciroppo d'acero.
- 1 tazza di acqua calda
- 2 cucchiaini di tè verde

- 1 cucchiaino di zenzero, tritato
- Il succo di mezzo limone
- Miele a piacere

Istruzioni:

Per il tè:

- ✓ Mettere il tè e lo zenzero in acqua calda e far riposare nel mentre;
- ✓ Quindi aggiungere il succo di limone e il miele.

Per le frittelle:

- ✓ Frullare latte, uova, banane, grano, lievito, bicarbonato di sodio, sale e vaniglia;
- ✓ Rivestire una padella con spray da cucina e scaldare a fuoco medio;
- ✓ Versare ¼ tazza di pastella nella teglia e cospargere con le noci, cuocere 1 minuto per lato;
- ✓ Servire con la marmellata preferita, frutta fresca o sciroppo d'acero.

6. FOCACCIA CON POMODORI SECCHI

Questa è un'opzione di pasto sano e gustoso. Continua a godere dei benefici dei pomodori, questa volta con grano intero, che è una grande fonte di fibra. La fibra alimentare è in parte un aiuto per mantenere più basso il rischio di alcuni tipi di cancro, come quello alla prostata, del colon e colon-rettale.

Ingredienti:

- ¾ tazza di acqua tiepida
- 2 cucchiaini di lievito attivo a secco
- 1 cucchiaio di miele
- 4 cucchiai di olio d'oliva, separati
- 1 tazza e ½ di grano intero
- 1 cucchiaino di sale kosher
- 1 spicchio d'aglio, tritato
- ½ tazza di pomodori secchi, tritati
- 1 cucchiaino di origano essiccato

Istruzioni:

- ✓ Scaldare una teglia leggermente unta;
- ✓ In una ciotola unire acqua, lievito e miele, lasciate riposare per 2 o 3 minuti;

- ✓ Aggiungere farina, aglio e olio, impastare per 5 minuti;

- ✓ Stendere la pasta nella teglia preparata e lasciar lievitare per 30 minuti;

- ✓ Una volta lievitato, preriscaldare il forno a 375°F;

- ✓ Cospargere la pasta di sale kosher, pomodori secchi e origano sopra la pasta e premere leggermente, condire con olio d'oliva e cuocere per 10 minuti.

7. CESTO DI CAVOLI

Il cavolo rosso è ricco di flavonoidi che impediscono la crescita delle cellule precancerose che possono portare a problemi al colon, al retto e alla prostata. Inoltre, le carote sono piene di beta-carotene, noto per prevenire una vasta gamma di tumori, tra cui il cancro alla prostata.

Ingredienti:

- 2 cucchiai di aceto di mele
- 1 cucchiaino di miele
- 1 cucchiaino di senape di Digione
- 1 cucchiaino di semi di papavero
- 1 cucchiaino di olio d'oliva
- Sale e pepe a piacere
- 1 tazza di cavolo verde, tagliato a fettine sottili
- 1 tazza di cavolo rosso, tagliato a fette sottili
- ½ tazza di carote, tagliuzzate
- ¼ tazza noci del Brasile, tritate

Istruzioni:

- ✓ Per la vinaigrette mischiare aceto, miele, senape, semi di papavero, olio d'oliva, sale e pepe;
- ✓ Preparare le verdure come descritto;

- ✓ Versare la vinaigrette sulle verdure e mescolare;
- ✓ Cospargere con noci del Brasile e servire.

8. CHILI SANO

Questo chili è pieno di ingredienti ricchi di sostanze nutritive: curcuma, cipolle, carote, peperoni, aglio, fagioli e pomodori! Tutto in questo piatto succulento progettato per migliorare la tua salute. Anche la cosa più semplice come l'aglio ha benefici incredibili con molti effetti anti-cancro. Questi composti organo-sulfurei come l'allicina e l'alliina innescano la morte cellulare nel carcinoma della prostata.

Ingredienti:

- 1 cucchiaio di olio
- Mezza cipolla tritata
- 2 foglie di alloro
- 1 cucchiaino di cumino
- ½ cucchiaino di curcuma
- 2 gambi di sedano, tritati
- 1 carota, pelata e tritata
- 2 peperoni tritati
- 1 peperoncino tritato
- 2 spicchi d'aglio, tritati
- 1 tazza di fagioli, cotti e scolati
- 1 tazza di fagioli neri, cotti e scolati

- 2 pomodori, cotti, pelati e tritati
- 1 tazza di kernel di mais
- 2 cucchiai di peperoncino in polvere
- Sale q.b.
- Pepe nero appena macinato

Istruzioni:

- ✓ Preparare gli ingredienti come descritto;
- ✓ Scaldare l'olio in una casseruola e mescolare cipolle, alloro, cumino, curcuma e sale;
- ✓ Aggiungere sedano, peperoni e aglio, e far cuocere per 5 minuti;
- ✓ Mescolare i pomodori, peperoncino in polvere, pepe nero e tutti i fagioli, lasciar bollire poi cuocere a fuoco lento per 20 minuti;
- ✓ Versare il grano e mescolare, cuocere per altri 5 minuti;
- ✓ Servire caldo.

9. BROCCOLI POTENTI

Tra le crocifere, i broccoli prevengono le cellule pre-cancerose in via di sviluppo nei tumori maligni; studi scientifici hanno dimostrato che creano una forte difesa contro il cancro al polmone, della prostata, della mammella, dello stomaco, del fegato e ovarico.

Ingredienti:

- Olio d'oliva
- 2 spicchi d'aglio, tritati e divisi
- 1 cucchiaio di zenzero, tritato
- 4 tazze di fiori di broccoli
- 1 cipolla
- 2 cucchiai di miele
- 1 cucchiaio di aceto di mele
- Sale kosher q.b.
- Pepe nero fresco macinato a piacere

Istruzioni:

- ✓ Preriscaldare il forno a 400°F, preparare una teglia rivestita con olio d'oliva;
- ✓ Unire aglio, broccoli e sale, mescolare nella teglia e cuocere per 5 minuti

- ✓ Nel frattempo, scaldare una padella a fuoco medio con olio di oliva e cipolle con un pizzico di sale, a cottura quasi ultimata;
- ✓ Aggiungere aglio e zenzero, mescolare bene;
- ✓ Aggiungere il miele e l'aceto, a fuoco basso;
- ✓ Quando è pronto, incorporare i broccoli e mescolate tutto insieme;
- ✓ Servire subito.

10. LASAGNA VEGETARIANA

Queste lasagne vegetariane sono le sostitute perfette per la pasta più elaborata, e forniscono anche i vantaggi di avere i funghi, che contengono polisaccaridi e Lentinant, entrambi composti anti-cancerogeni.

Ingredienti:

- 1 cucchiaio di olio d'oliva
- 2 spicchi d'aglio, tritati
- 2 tazze di funghi
- 2 tazze di spinaci
- 1 tazza di salsa di pomodoro naturale
- 2 o 3 zucchine, tagliate a fette sottili
- Sale e pepe a piacere

Istruzioni:

- ✓ Preriscaldare il forno a 375°F;
- ✓ Scaldare l'olio in una padella e aggiungere aglio, funghi, sale e pepe, cuocere per un paio di minuti;
- ✓ Incorporare gli spinaci e la salsa di pomodoro, cuocere per 3 o 4 minuti;
- ✓ In una teglia da forno disporre qualche cucchiaio di salsa sul fondo e inserire le fette di zucchine in alto,

ripetere fino a quando sono stati utilizzati tutti gli ingredienti;

- ✓ Cuocere in forno per 20 minuti;
- ✓ Lasciar raffreddare per qualche minuto e servire.

11. INSALATA DI PAPAYA E SANTOREGGIA

Questa insalata esotica sottolinea i vantaggi della papaia, una ricca fonte di vitamina C e acido folico. E' stato dimostrato che questo frutto riduce al minimo l'assorbimento di nitrosamine cancerogene da alimenti trasformati e previene alcuni tipi di cancro, come quello alle ovaie e alla prostata.

Ingredienti:

- 1 spicchio d'aglio, tritato
- Sale kosher q.b.
- 2 cucchiai di aceto di vino
- 2 cucchiai di miele
- 2 cucchiaini di salsa sriracha
- 1 papaia matura, senza semi e tagliata a dadini
- 1 cipolla rossa, affettata
- 1 cucchiaino di paprika
- Pepe nero fresco macinato a piacere

Istruzioni:

- ✓ Mescolare papaia e cipolle
- ✓ In una ciotola media unire aglio, sale, aceto, miele, salsa sriracha, paprika e pepe macinato;

- ✓ Versare il composto sulle papaia e le cipolle e mescolare per incorporare;
- ✓ Servire e godere del piatto.

12. CURRY VEGANO

Preparati a essere coccolato da questo curry vegano. Ti permette di assorbire tutte le vitamine che ti aiuteranno a combattere il cancro. Esso ti fornirà un sacco di lignani, flavonoidi, beta-carotene, licopene, e altri composti che promettono di prendersi cura della tua salute e di portarla ad alti livello, impedendo al contempo lo sviluppo di una vasta gamma di malattie.

Ingredienti:

- Mezza cipolla, tritata
- 2 spicchi d'aglio, schiacciati
- 1 cucchiaio di zenzero grattugiato
- ¼ pomodori secchi tritati
- 1 cucchiaio di olio d'oliva
- 1 cucchiaino di cumino
- ½ cucchiaino di curcuma
- ½ cucchiaino di coriandolo
- 2 cucchiai di lenticchie
- 3 cucchiai di latte di cocco
- 1 cucchiaio di semi di lino macinati
- ½ tazza di ceci, cotti e scolati
- ½ tazza di purea di zucca

- Sale e pepe a piacere
- Coriandolo fresco per cospargere

Istruzioni:

- ✓ Frullare insieme la cipolla, l'aglio, lo zenzero, la zucca e i pomodori fino a che l'impasto assomiglia ad una purea.
- ✓ Scaldare l'olio in una casseruola e aggiungere il cumino, la curcuma e coriandolo, poi incorporare la purea e lasciar bollire;
- ✓ Abbassare il fuoco e aggiungere le lenticchie e il latte di cocco, far sobbollire per 5 minuti;
- ✓ Mescolare ceci e semi di lino e cuocere per 3 o 5 minuti ancora;
- ✓ Servire e cospargere con coriandolo fresco.

13. ZUPPA SAUCY

Questa zuppa sbarazzina rappresenta un nuovo modo di gustare e sfruttare le qualità di zucca e mele. Da un lato, le zucche sono ricche di carotenoidi, licopene e luteina, che aumentano la crescita delle cellule immunitarie e la loro capacità di attaccare le cellule tumorali; d'altra parte, le mele sono una buona fonte di antiossidanti e flavonoidi.

Ingredienti:

- 3 tazze di purea di zucca
- 2 grandi mele rosse
- 2 cucchiai di olio d'oliva
- 2 tazze di brodo di pollo
- ½ cucchiaino di cannella
- Sale e pepe a piacere
- ¼ noci del Brasile, tritate per cospargere

Istruzioni:

- ✓ In una padella, scaldare l'olio e soffriggere le mele a dadini con cannella, fino a quando le mele iniziano a caramellare;
- ✓ Incorporare la purea di zucca, poi brodo di pollo, sale e pepe, cuocere per 7 minuti;
- ✓ Lasciar raffreddare per qualche minuto;

- ✓ Scaldare nuovamente, a piacere;
- ✓ Servire con le noci brasiliane cosparse sulla parte superiore.

14. GELATO AL TÈ VERDE E AVOCADO

Questo gelato è pieno di vitamine, a partire da una base di avocado che è altamente ricco di antiossidanti, che aiutano il sistema ad attaccare i radicali liberi. Questo modo innovativo di mangiare l'avocado mescolandolo con il matcha (un tè verde giapponese in polvere) è sicuramente un modo per godere di un ottimo e sano gelato.

Ingredienti:

- 2 avocado, pelati e congelati
- ½ tazza di latte di mandorla
- ½ tazza di latte di cocco
- 2 cucchiai di polvere di matcha
- ¼ di tazza di datteri, tritate
- Cardamomo macinato per cospargere

Istruzioni:

- ✓ Frullare il latte di mandorle, il latte di cocco, i datteri, il cardamomo e la polvere di matcha, aggiungere 1-2 cucchiai di miele a piacere;
- ✓ A poco a poco incorporare l'avocado congelato fino a quando ha raggiunto una consistenza cremosa;
- ✓ Servire subito o far riposare una notte in freezer.

15. DELIZIOSI MUFFIN DI MATCHA

Abbiamo parlato circa i benefici del tè verde, e il matcha è una versione incredibile di polvere di tè verde. Per godere dei suoi benefici lo si può usare nei piatti per la creazione di dolci sani come questo. Questa polvere di tè verde giapponese è la fonte più ricca di polifenoli e catechine, noti per inibire le metastasi. Inoltre, le gocce di cioccolato fondente mettono in evidenza il sapore, fornendo una grande fonte di antiossidanti.

Ingredienti:

- 2/3 latte di mandorla
- 2 cucchiai di aceto di sidro
- 1 cucchiaio di semi di lino macinati
- 3 cucchiai di olio di canola
- 1/3 miele
- 1/2 banana, schiacciata
- 1 ½ cucchiaio di farina integrale
- 2 cucchiaini di lievito in polvere
- ½ cucchiaino di sale
- 2 cucchiai di polvere di matcha
- Gocce di cioccolato fondente *> 70% di cacao

Istruzioni:

- ✓ Preriscaldare il forno a 375°F e preparare una teglia per muffin;
- ✓ Unire il latte di mandorle, aceto, e semi di lino, mettere da parte per 5 minuti;
- ✓ Mescolare olio, miele e banana;
- ✓ In una grande ciotola, unire la farina, il lievito, il sale e la polvere di matcha;
- ✓ Versare il composto liquido nella miscela di farina e mescolare, senza esagerare;
- ✓ Aggiungere le gocce di cioccolato e rimestare delicatamente;
- ✓ Riempire ¾ della padella di muffin con la pastella e cuocere per circa 15-18 minuti.

16. FUNGHI RIPIENI DI VERDURE

In questo piatto abbiamo mescolato le potenti proprietà di funghi, aglio, spinaci, peperoni e cipolla, ma con l'aggiunta delle alghe (Wakame), che contengono molecole che rallentano la crescita del cancro al seno, del colon e della prostata.

Ingredienti:

- 2 funghi a cappella larga tipo Portobello
- 2 cucchiai di olio d'oliva, divisi
- 1 spicchio d'aglio
- 1 tazza di spinaci baby
- 1 tazza di peperone verde, tagliato a dadini
- 1 piccola cipolla, tagliata a dadini
- ½ wakame secco
- 1 o 2 cucchiai di salsa di ostriche
- Sale e pepe a piacere
- Semi di sesamo da cospargere

Istruzioni:

- ✓ Preriscaldare il forno a 400°F, ungere leggermente una teglia;
- ✓ Reidratare il wakame come istruzioni della confezione;

- ✓ In una padella capiente scaldare l'olio e mescolare la frittura di peperone e cipolla fino a renderli teneri;

- ✓ Aggiungere gli spinaci e l'aglio, cuocere per un minuto, e versare la salsa di ostriche, salare e pepare, cuocere per 3 o 4 minuti ancora;

- ✓ Togliere dal fuoco, mescolare il wakame risciacquato;

- ✓ Servire e cospargere di semi di sesamo.

17. GAMBERI SALTATI CON BACCHE DI GRANO

Oltre a tutti i vantaggi ben noti forniti da broccoli, aglio, cipolla, scalogno e cicoria, questa ricetta contiene anche i chicchi di grano, che contengono germe di grano, tiamina, acido folico, zinco e altri composti che assicurano una dieta equilibrata per evitare che il sistema inciampi in da qualsiasi tipo di malattia.

Ingredienti:

- 1 tazza di bacche di grano
- 4 cucchiai di acqua
- 2 cucchiai di miele
- 2 cucchiai di aceto di riso
- 2 spicchi d'aglio, tritati
- 2 tazze di cimette di broccoli
- 1 cipolla rossa, affettata
- 1 scalogno, affettato
- 1 indivia belga, affettata
- 2 tazze di gamberetti crudi
- 2 cucchiai di olio d'oliva
- Sale e pepe a piacere

Istruzioni:

- ✓ Cucinare le bacche di grano come da istruzioni sulla confezione, scolarli e farli raffreddare;

- ✓ Nel frattempo, sbattere insieme acqua, miele, aceto e aglio;

- ✓ Scaldare una padella unta d'olio il grano drenato a fuoco alto, mescolare continuamente fino a quando diventa croccante, conservare in una ciotola;

- ✓ Nella stessa padella, saltare i broccoli per un paio di minuti, aggiungere le cipolle e la cicoria, sale e pepe, cuocere per 5 minuti;

- ✓ Incorporare i gamberi e farli cuocere, aggiungere un po' d'acqua e mescolare per 2 minuti;

- ✓ Inserire il grano e mescolare accuratamente;

- ✓ Servire e cospargere con scalogno.

18. MIX DI QUINOA

Questo pasto ha un sacco di sostanze fitochimiche, licopene, lignani e allicina che non solo impediscono al fisico di ammalarsi, ma aiutano a combattere le cellule cancerogene, inibiscono la loro diffusione in tutto il nostro corpo. Questo piatto utilizza anche la quinoa per fornire una grande quantità di fibre solubili.

Ingredienti:

- ¾ di tazza quinoa cruda
- 1 tazza di brodo di pollo naturale
- ½ tazza di pomodori secchi, tritati
- 1 spicchio d'aglio, schiacciato
- 2 tazze di Kalé
- 2 tazze di cavolo rosso
- 1 avocado, pelato, snocciolato e tritato
- 1 cucchiaio di olio d'oliva
- 1 cucchiaio di aceto balsamico
- 3 cucchiai di noci del Brasile, tritate
- Sale e pepe a piacere

Istruzioni:

- ✓ Far bollire il brodo e aggiungere la quinoa, sale e pepe, far cuocere per 10 minuti, fino a quando la quinoa sarà tenera e il liquido assorbito;
- ✓ In una padella unta d'olio saltare rapidamente aglio, cavolo, sale e pepe, a fuoco vivace mescolando continuamente;
- ✓ Mescolare la quinoa nei pomodori secchi, unire;
- ✓ Servire con avocado sulla parte superiore e condire con aceto balsamico.

19. ZUPPA DI ASPARAGI

Ricarica completamente il sistema immunitario con questa minestra verde, con verdure ricche di beta-carotene, glutatione, vitamine, e molti antiossidanti che aumenteranno la produzione di enzimi protettivi che inibiscono l'angiogenesi. Inoltre, le noci del Brasile contengono un sacco di selenio, che sembra essere un ottimo alleato dei trattamenti contro il cancro alla prostata.

Ingredienti:

- Mezzo porro, affettato
- 1 spicchio d'aglio, tritato
- 2 tazze di cimette di broccoli
- 2 tazze di asparagi, tritati
- 1 tazza di piselli
- 5 tazze di brodo vegetale naturale o di pollo
- 1 o 2 cucchiaini di salsa sriracha
- Il succo di mezzo limone
- Sale e pepe macinato fresco q.b.
- Noci del Brasile tritate da cospargere

Istruzioni:

- ✓ Scaldare una padella unta d'olio e saltare i porri per 5 minuti, inserire l'aglio e cuocete per un altro minuto;
- ✓ Aggiungere brodo, broccoli, asparagi e piselli, far sobbollire per 7 minuti;
- ✓ Frullare la zuppa e condire con sriracha, limone, sale e pepe;
- ✓ Servire e cospargere con noci del Brasile tritate.

20. BARRETTA FRUTTATA

Soddisfa le tue voglie con queste sane barrette di frutta e nocciole, ricche di acidi grassi omega-3 e molti agenti anti-cancerogeni delle pesche. D'altra parte, l'ananas è ricco di bromelina, un componente importante che combatte il cancro anche meglio dei farmaci della chemio.

Ingredienti:

- 1 ½ tazza di farina di mandorle
- 1 ½ tazza di farina di avena
- ½ tazza di miele
- 2 cucchiai di olio di canola
- 3 tazze di pesche, tritate
- 1 tazza nettarine, tritate
- 1 tazze ananas, tritato
- 1 tazze di ciliegie
- ½ tazza di succo d'arancia
- ½ tazza succo di melograno
- 2 cucchiaini di gelatina granulare

Istruzioni:

- ✓ Preriscaldare il forno a 400°F e ungere una teglia da forno;
- ✓ Frullare la farina insieme a mandorle, farina di avena, miele e olio di canola;
- ✓ Versare il composto nella teglia e premere verso il basso per formare uno strato, cuocere per 10 minuti o fino a doratura;
- ✓ Nel frattempo preparare il ripieno riscaldando una pentola oliata a fuoco medio, aggiungere tutti i frutti e succhi di frutta e cuocere a fuoco lento per 5 minuti;
- ✓ Mescolare la gelatina con acqua fredda;
- ✓ Rimuovere il ripieno e far raffreddare per 5 minuti, incorporare la gelatina idratata e mescolare per bene;
- ✓ Versare il ripieno sulla crosta al forno e congelare per tutta la notte;
- ✓ Tagliare la torta in barrette e apprezzare il loro gusto.

21. SALSA DI POMODORO SANA

Eleviamo ai massimi livelli il concetto di salsa di pomodoro per aumentare gli effetti benefici del licopene sull'organismo. Questa ricetta è ricca di diverse verdure che forniscono un'elevata fonte di fibra. Mescolandole insieme ti garantiranno il massimo da tutte le sostanze nutritive presenti.

Ingredienti:

- 3 cucchiai di olio d'oliva
- 3 spicchi d'aglio, tritati
- 1 cipolla grande, tagliata a dadini
- 1 carota grande, tagliata a dadini
- 1 pepe verde, tagliato a dadini
- 1 zucchina a dadini
- 1 tazza di brodo di pollo naturale
- 2 kg di Pomodori
- 2 cucchiaini di Paprika
- 3 cucchiaini di origano secco
- 3 foglie di alloro essiccate
- 3 foglie essiccate di basilico
- Sale e pepe q.b.

Istruzioni:

- ✓ In una grande casseruola unta d'olio e scaldata, aggiungere peperoncino, alloro origano e foglie di basilico, mescolare per meno di un minuto e incorporare le carote e i peperoni, cuocere per 3 minuti e inserire cipolle, aglio e zucchine, sale e pepe, cuocere per 8-10 minuti, dopodiché rimuovere l'alloro e il basilico con delle pinze;

- ✓ Nel frattempo, in un altro pentolino portare l'acqua ad ebollizione e aggiungere i pomodori per 5-7 minuti, fino a quando la buccia inizia a strapparsi, togliere dal fuoco e aggiungere acqua fredda. Quando saranno freddi, finire di pelare i pomodori e scaricare l'acqua residua;

- ✓ Quando pelati, unire i pomodori con il brodo di pollo e versare sulle verdure, lasciar sobbollire per 20 minuti, mescolando di tanto in tanto;

- ✓ Se lo si desidera, si possono frullare tutti gli ingredienti per avere una salsa omogenea, e aggiungere uno o due filetti di acciughe per creare il condimento ideale per una pizza.

22. PASTA PER PIZZA CON GRANO INTERO

Lo sapevi che c'è un modo per gustare la pizza e, allo stesso tempo, mangiare sano? Perché noi tutti amiamo mangiare la pizza, e quindi può essere una buona idea sostituire la pasta della pizza di un negozio con una fatta in casa. Per gusto e risultati migliori, ricopri la pasta con salsa di pomodoro naturale, formaggio light (o altro formaggio magro) e i tuoi ingredienti preferiti.

Ingredienti:

- 3 tazze di farina integrale
- 1 cucchiaio di lievito secco istantaneo
- 1 cucchiaino di sale kosher
- 1 tazza di acqua tiepida
- 1 cucchiaio di olio d'oliva
- 1 cucchiaio di miele

Istruzioni:

- ✓ In una grande ciotola unire gli ingredienti secchi;
- ✓ In una piccola ciotola amalgamare gli ingredienti umidi e versarli sulla farina, mescolare accuratamente fino a comporre un impasto omogeneo e plasmabile;
- ✓ Trasferire l'impasto in una ciotola pulita e unta, coprire con pellicola trasparente, lasciar riposare

per 1 ora o fino a quando avrà raddoppiato le sue dimensioni;

- ✓ Sgonfiare delicatamente l'impasto con un cucchiaio di legno, fare due o tre palline e far riposare per altri 30 minuti;

- ✓ Quando la pasta è pronta, utilizzare un mattarello per creare uno strato sottile e coprire con i tuoi ingredienti preferiti.

- ✓ Cuocere in forno a 450°F per 10-13 minuti.

23. CRUMBLE AL LAMPONE

Questo dessert dal gusto antico ha il gusto perfetto per soddisfare ogni desiderio di dolce, e offre anche una elevata quantità di sostanze nutritive e composti benefici verso la prevenzione del cancro. Tale è il caso dell'acido ellagico dei lamponi, che stimola l'apoptosi, essendo un frutto naturale anti-cancerogeno e anti-mutageno.

Ingredienti:

- 2 tazze di lamponi
- 2 cucchiai di miele, separati
- 3 cucchiai di farina integrale, separati
- 1 cucchiaio di succo di melograno
- ½ fiocchi d'avena
- ¼ tazza di mandorle tritate
- ½ cucchiaino di cannella
- 1 cucchiaio di olio di canola

Istruzioni:

- ✓ Preriscaldare il forno a 400°F;
- ✓ Unire lamponi, 1 cucchiaio di miele, il succo di melograno e 1 cucchiaio di farina, divisi tra 4 stampini;

- ✓ Unire l'avena, le mandorle, la cannella, il miele e la farina rimasta, aggiungere l'olio e mescolare con cura. Cospargere sopra il mix di frutta;

- ✓ Cuocere in forno per 20 minuti, lasciar raffreddare per 15 minuti prima di servire.

24. MINI CALZONE

Voglio spiegare che mangiare sano non significa nutrirsi di cibo poco gustoso o scialbo, così voglio presentare questo mini calzone impressionante, un pasto di gala perfetto per una cena in famiglia durante il lungo viaggio verso una salute perfetta.

Ingredienti:

- 1 palla di pasta per pizza con grano intero fatta in casa
- 1 tazza di salsa di pomodoro
- ½ tazza di formaggio alle mandorle
- ½ tazza di basilico fresco
- 1 tazza di spinaci baby
- Mezza cipolla rossa
- ¼ vasetto di olive nere
- 1 cucchiaino di origano secco
- 1 cucchiaino di aglio secco
- 1 cucchiaino di timo secco
- 1 cucchiaino di pepe rosso
- ½ cucchiaino di pepe nero
- 2 cucchiai di olio d'oliva
- 1 uovo

Istruzioni:

- ✓ Preriscaldare il forno a 400°F
- ✓ Tagliare la pasta in 4 pezzi, diffondere i pezzi in modo uniforme sopra una superficie infarinata per formare 4 piccole pizzette;
- ✓ Mescolare tutti gli ingredienti del ripieno;
- ✓ Mettere uno o due cucchiai di composto per il ripieno su una metà di ogni pizza e delicatamente piegare l'altra metà per formare una forma di mezza luna;
- ✓ Premere i bordi per sigillare;
- ✓ Spennellare con un uovo sbattuto e cospargere un po' di sale kosher;
- ✓ Cuocere in forno per 18 minuti.

25. TORTINO DI TONNO

Per questo piatto ci concentriamo sulla bontà degli acidi grassi omega-3 contenuti nel filetti di tonno, le proprietà antinfiammatorie e antiossidanti dello zenzero, così come dell'olio d'oliva, che fornisce altri antiossidanti e vitamine per la tua vita quotidiana.

Ingredienti:

- 2 filetti di tonno, senza pelle
- 1 cucchiaio di pasta di curry
- 1 cucchiaio di zenzero fresco grattugiato
- 1 cucchiaio di aneto fresco, tritato
- 1 cucchiaio di coriandolo fresco, tritato
- 1 cucchiaino di olio d'oliva
- Sale e pepe a piacere

Istruzioni:

- ✓ In un robot da cucina, inserire tonno, curry, zenzero, aneto, coriandolo, sale e pepe;
- ✓ Versare il composto in una ciotola e dargli la forma di un hamburger;
- ✓ In una padella unta d'olio, friggere gli hamburger per 4 minuti per lato.
- ✓ Servire con pane integrale e insalata a piacere.

26. SALMONE DOLCE & PICCANTE

In questo piatto si combinano la dolcezza del mango e il gusto piccante dei jalapeños, i mango sono pieni di vitamine e composti da beta-carotene, mentre i jalapeños sono ricchi di capsaicina che neutralizza le possibili cause del cancro.

Ingredienti:

- 2 filetti di salmone
- 1 grande mango, sbucciato e tagliato a dadini
- 1 jalapeños rosso, senza semi e tritato
- 1 citronella fresca, tritata
- 1 cucchiaio di aceto di riso
- 1 cucchiaio di miele
- 2 cucchiai di olio d'oliva, separati
- Sale e pepe a piacere

Istruzioni:

- ✓ Strofinare i filetti con sale e pepe;
- ✓ Unire mango, peperoncino, citronella, aceto e miele;
- ✓ In una padella scaldare 1 cucchiaio di olio, mettere il salmone e cuocere per 3 minuti per lato, mettere da parte;

- ✓ Nella stessa padella scaldare l'olio rimanente e mescolare friggendo il mix di mango per 3 o 4 minuti, aggiungere il salmone e insaporire con il succo del mango;
- ✓ Togliere dal fuoco e servire;

27. INSALATA DI FICHI

I fichi sono frutti impressionanti per la prevenzione e la lotta contro il cancro. Grazie ai loro derivati di benzaldeide, i fichi hanno dimostrato di ridurre i tumori, e sono anche degli ottimi battericidi.

Ingredienti:

- 4 fichi, tritati
- 4 tazze di lattuga romana, tritata
- ½ foglia di basilico
- ¼ noci Pecan, tritate
- 3 cucchiai di aceto di sidro
- 2 cucchiai di marmellata di fichi
- 1 cucchiaio di olio d'oliva
- Sale e pepe a piacere

Istruzioni:

- ✓ In una piccola ciotola sbattere insieme aceto, marmellata, olio, sale e pepe;
- ✓ Unire gli altri ingredienti in una ciotola capiente;
- ✓ Versare il condimento sopra l'insalata verde e mescolare;
- ✓ Servire con un pezzo di fico sulla parte superiore e cospargere di noci pecan tritate.

28. SPIEDINI COLORATI

Gli spiedini rappresentano un modo divertente di cucinare e mangiare, e in questo caso questi spiedini colorati sono pieni di vitamine e beta-carotene grazie ai peperoni. Inoltre offrono i vantaggi della bromelina presente nell'ananas, che, come accennato prima, combatte il cancro ed è più efficace dei farmaci usati nella chemio.

Ingredienti:

- 1 peperone rosso, tritato
- 1 peperone verde, tritato
- 1 peperone giallo, tritato
- 1 cipolla rossa, tritata
- 2 tazze di ananas, tritato
- 2 cucchiai di olio d'oliva
- Il succo di 1 limone
- 2 spicchi d'aglio, tritati
- 1 cucchiaino di Paprika
- Sale e pepe q.b.

Istruzioni:

- ✓ Preparare tutti gli ingredienti, come descritto, e infilarli negli spiedini alternandoli;

- ✓ Sbattere insieme limone, aglio, peperoncino, olio, sale e pepe;
- ✓ Cospargere gli spiedini con la marinata e lasciarli riposare per 30 minuti;
- ✓ Grigliare per 10 a 15 minuti.

29. ZUPPA D'AGLIO SEMPLICE

Come accennato in precedenza, i benefici anti-cancro dell'aglio sono molti. I suoi componenti migliorano il sistema immunitario e aiutano l'organismo a combattere e a bloccare le cellule cancerogene; diversi studi hanno dimostrato che l'aglio riduce il rischio di tumori allo stomaco, al colon e alla prostata.

Ingredienti:

- 6 cucchiai di olio d'oliva
- 1 testa d'aglio
- 2 cucchiai di farina integrale
- 4 tazze di brodo di pollo naturale
- Timo secco
- Origano secco
- Basilico essiccato
- Sale e pepe a piacere

Istruzioni:

- ✓ Tagliare la testa d'aglio a metà senza pelarla;
- ✓ Scaldare una padella unta d'olio a fuoco medio-basso e porre ogni mezza testa piatta, cuocere fino a quando l'aglio è morbido e ben rosolato, la buccia si toglierà facilmente;

- ✓ Togliere dal fuoco e schiacciare l'aglio con la farina e mescolare bene per ottenere una pastella;
- ✓ Rimettere sul fuoco e aggiungere il brodo caldo, timo, origano, basilico, sale e pepe, cuocere fino a quando si raggiunge la consistenza desiderata.

30. INSALATA DI TONNO

Ancora una volta voglio usare i vantaggi del tonno e dei suoi acidi grassi omega-3, ma questa volta combinandoli con le proprietà del ravanello, ricco di antociani, che sono potenti molecole anti-cancro che impediscono alle cellule cancerogene di svilupparsi.

Ingredienti:

- 2 filetti di tonno, saltati in padella
- 1 peperone rosso
- 1 cipolla rossa
- 2 pomodori
- 3 tazze di lattuga romana
- 2 tazze di radicchio
- 1 tazza di ravanelli, a fette
- 3 cucchiai di yogurt greco
- Il succo di 1 limone
- 2 cucchiai di olio d'oliva
- ½ cucchiaino di semi di senape
- Sale e pepe a piacere

Istruzioni:

- ✓ Sbattere insieme yogurt, olio, limone, semi di senape, sale e pepe;
- ✓ In una grande ciotola, unire peperoni, cipolle, pomodoro, lattuga, radicchio e ravanelli;
- ✓ Inserire il tonno e mescolarlo nell'insalata;
- ✓ Condire e mescolare con cura.

31. PESTO AL BASILICO E RUCOLA

Con questo pesto è possibile creare una pizza o un piatto di pasta davvero buoni e salutari, grazie agli oli essenziali del basilico, che sono parte della famiglia dei terpeni. Essi possono promuovere l'apoptosi e ridurre la diffusione delle cellule cancerogene.

Ingredienti:

- 4 tazze di basilico fresco
- 1 ½ tazza di rucola fresca
- 3 spicchi d'aglio
- ½ tazza di noci del Brasile
- Il succo di mezzo limone
- ¼ di cucchiaino di scorza di limone
- 4 cucchiai di brodo di pollo
- ¼ di tazza di olio d'oliva
- Sale e pepe a piacere

Istruzioni:

- ✓ Versare tutti gli ingredienti in un frullatore e mescolare con cura.

32. PANINO SANO

Gli alimenti alcalini come l'erba medica e l'avocado mantengono il pH del sangue nella sua gamma ideale, il che è molto importante per la prevenzione e il trattamento del cancro.

Ingredienti:

- 4 fette di pane di grano intero alla nocciola
- 200gr di salmone affumicato
- 1 tazza di erba medica
- 1 tazza di crescione
- 1 avocado, schiacciato
- 3 cucchiai di yogurt greco
- 2 cucchiai di olio d'oliva
- Sale e pepe

Istruzioni:

- ✓ Schiacciare l'avocado e mescolarlo nello yogurt, olio, sale e pepe;
- ✓ Inserire le fette di pane nella miscela di avocado;
- ✓ Disporre con ordine il salmone, l'erba medica e il crescione, e coprire con altro pane.

33. SUCCO PURIFICANTE

I frullati di verdure fresche forniscono una preziosa fonte di enzimi e nutrienti antiossidanti e sono facilmente digeribili. Le proprietà ben note di ananas, zenzero, limone e polline d'api rende questo il succo ideale per prevenire il cancro.

Ingredienti:

- 1 tazza di acqua
- Mezzo cetriolo
- 1 tazza di ananas, tritato
- 1 gambo di sedano
- 1 limone, a fette
- 1 cucchiaino di zenzero grattugiato
- 1 cucchiaino di polline d'api
- 1 cucchiaio di miele
- 2 cucchiai di trito di mandorle

Istruzioni:

- ✓ Sciacquare e sbucciare la frutta;
- ✓ Frullare tutti gli ingredienti insieme;
- ✓ Servire subito in un grande bicchiere.

ALTRI TITOLI DI QUESTO AUTORE

42 Ricette Naturali Contro Il Cancro Alle Ovaie: Dai Al Tuo Corpo Gli Strumenti Necessari Per Proteggere E Guarire Se Stesso Dal Cancro

Di

Joe Correa CSN

50 Soluzioni Alimentari Per L'alito Cattivo: Sbarazzati Di Questo Fastidioso Problema In Pochi Giorni

Di

Joe Correa CSN

48 Ricette Potenti Che Ti Aiutano A Controllare La Pressione Arteriosa Alta: Una Soluzione Naturale Per L'ipertensione Senza Pillole O Medicine

Di

Joe Correa CSN

54 Ricette Per Diabetici Per Controllare La Tua Condizione, Naturalmente: Scelte Alimentari Sane Per Tutti I Diabetici

Di

Joe Correa CSN

www.ingramcontent.com/pod-product-compliance
Lightning Source LLC
Chambersburg PA
CBHW052124070526
44586CB00016B/2070